MÉMOIRE

POUR

S. A. S. le Prince Pierre D'ARENBERG,
Pair de France, demandeur,

CONTRE

*Le sieur Jean-Baptiste MARAUX,
Propriétaire, à Arlay, défendeur.*

MÉMOIRE

POUR

S. A. S. le Prince Pierre D'ARENBERG, Pair de France, demandeur,

CONTRE

Le sieur Jean-Baptiste MARAUX, Propriétaire, à Arlay, défendeur.

MADAME la Comtesse de Lauraguais possédait en Franche-Comté des propriétés très-considérables. Elle perdit la vie par suite de la tourmente révolutionnaire. Ses biens furent séquestrés. M. Maraux père, son régisseur à Vers en Montagne, fit tous ses efforts pour faire lever le séquestre; il en vint à bout, et conserva, par ce moyen, une administration importante qui était sur le point de lui échapper.

Mad. la Duchesse d'Arenberg, fille et héritière de Mad. la Comtesse de Lauraguais, reconnaissante du service important que venait de lui rendre M. Maraux père, lui assura, outre le cinq pour cent du revenu des biens qu'il administrait, un traitement de 2,000 francs par an. Ce traitement lui a été conservé par forme de pension de retraite, depuis l'instant où il a quitté ses fonctions de régisseur de la terre de Vers jusqu'à sa mort.

La sérénissime maison d'Arenberg a saisi avec empressement toutes les occasions de témoigner sa reconnaissance à M. Maraux père. Lors de l'incendie de Vers, la maison de celui-ci ayant été la proie des flammes, il reçut 1,500 francs pour l'aider à la reconstruire, et on lui permit de prendre, dans la forêt de la famille d'Arenberg, tous les bois nécessaires pour la confection de sa maison. A cette même époque, le village de Vers reçut aussi de la sérénissime maison d'Arenberg un secours de 1,200 francs, sur la demande de M. Maraux père. Enfin deux de ses fils, tout-à-fait inconnus de la famille d'Arenberg, furent nommés régisseurs, l'un à Arlay, et l'autre à Vers.

C'est en 1801 que M. Jean-Baptiste Maraux, défendeur en cette cause, a remplacé à Arlay M. Bourgeois, qu'il a traité avec rigueur, à raison des reproches qu'on avait à lui adresser; et cependant cet ancien régisseur n'était pas coupable de malversations aussi grandes que celles reprochées aujourd'hui à M. Jean-Baptiste Maraux : aussi des témoins de la dureté de celui-ci lui prédirent alors qu'un jour viendrait son tour d'être congédié, probablement pour des faits plus graves.

Jusqu'en 1823, M. Jean-Baptiste Maraux a joui du château d'Arlay et de ses immenses dépendances, du consentement des propriétaires, et sans payer aucune rétribution. Cela lui était seulement compté pour 300 francs, qu'on accorde aux régisseurs pour l'entretien d'un cheval. Il gérait comme il voulait, et presque sans surveillance, ne rendant compte que de loin en loin, à des auditeurs de comptes qui, se trouvant domiciliés à Bruxelles, et ne connaissant pas les propriétés administrées par M. Maraux, étaient presque totalement privés des moyens de contrôler les comptes par lui présentés. Le défendeur, témoin de la reconnaissance qu'avaient fait naître les services rendus par son père, crut pouvoir tout se permettre sans s'exposer à perdre son emploi.

M. Mary, procureur-général de la sérénissime maison d'Arenberg, apprit en 1820 que M. Jean-Baptiste Maraux et sa femme faisaient une dépense très-considérable dans leur ménage, où ils affichaient un luxe au-dessus de leur position. Il sut aussi que le mari passait une grande partie de sa vie au cabaret, à boire et à jouer de fortes sommes. Se doutant bien que la régie de M. Jean-Baptiste Maraux devait se sentir de ce désordre, M. Mary envoya vérifier sa comptabilité sur les lieux mêmes par son fils. Elle fut trouvée en plus mauvais état qu'ait jamais été celle de M. Bourgeois, régisseur précédent. Malgré ce désordre, M. Mary, qui connaissait les services rendus par M. Maraux père, auquel il était personnellement fort attaché, garda le silence dans l'espoir que M. Jean-Baptiste Maraux, étant surveillé de plus près, changerait de conduite et réparerait les fautes qu'il avait commises.

Le compte rendu le 10 juin 1821, pour la gestion de 1816 à 1819 inclusivement, démontra à M. Mary que le défendeur, outre les versements par lui faits, était encore débiteur d'une somme de 16,000 francs, dont il ne pouvait pas faire le versement, et qu'il avait fait la recette avec tant de négligence qu'il restait à toucher sur les revenus échus 71,400 francs. M. Mary, craignant que le désordre n'allât en croissant, et que l'insolvabilité de M. Jean-Baptiste Maraux venant à éclater par la suite, on l'en rendît personnellement responsable, se décida à écrire, le 17 janvier 1822, à M. Maraux père, en ces termes :

Monsieur,

« Occupé à entendre les comptes de M. votre fils, receveur d'Arlay, j'ai
« acquis avec peine la certitude qu'il est débiteur en son nom personnel, *toutes*
« *reprises déduites*, d'une somme de 16,000 francs environ. D'après les rapports
« qui m'ont été faits depuis plusieurs années, je m'attendais à un *déficit* dans
« sa recette, mais je ne pouvais prévoir qu'il serait aussi considérable ; et j'ai
« tout lieu de croire, *d'après les connaissances que j'ai*, que ce *déficit* est plus
« considérable dans ce moment, et *qu'il ne peut qu'aller en croissant.* Avant de
« prendre aucune disposition à son égard, j'ai voulu m'adresser à son père, à
« vous, Monsieur, en qui j'ai toujours placé toute ma confiance, et qui n'y
« avez jamais manqué ; à vous qui m'avez proposé ce fils, que je ne connaissais
« pas, pour remplacer M. Bourgeois. »

« Mettez-vous un instant dans ma position : comptable envers quatre branches
« d'héritiers dont une a six ou sept mineurs, que voulez-vous que je fasse pour
« me dispenser de prendre des mesures de sûreté et de sévérité envers M. votre
« fils, sans me compromettre ? *Ce n'est que par égard pour vous que je n'en
« ai pris aucune jusqu'à ce jour ; je ne lui en ai pas même encore écrit :* j'ai
« voulu vous prévenir, vous consulter ; non pas que je veuille que vous agissiez
« contre lui, mais bien pour que vous preniez ensemble des mesures qui me
« mettent dans la position à ne devoir pas user des mesures de rigueur. »

« Je suis désolé, Monsieur, de devoir vous affliger, vous que je considère
« beaucoup et en qui j'ai toujours placé toute ma confiance, ce dont je n'ai
« jamais eu à me repentir. Ne craignez pas que je vous reproche jamais de
« m'avoir proposé ce fils pour receveur ; j'en eusse peut-être fait tout autant
« à votre place ; et j'aime même à croire que ce dérangement, causé peut-être
« par trop de faiblesse, n'a pas sa seule source en lui. »

« J'attendrai votre réponse : veuillez me la faire parvenir le plutôt possible,
« et croyez toujours à mon sincère et ancien attachement. »

Signé H. MARY.

Le 27 du même mois, M. Maraux père répondit à M. Mary en des termes très-convenables, et qui faisaient voir tout le chagrin que lui causait l'inconduite de son fils. Sa lettre est ainsi conçue :

Monsieur,

« J'ai reçu l'honneur de votre lettre en date du 17 janvier courant. J'ai été
« très-sensible à la peine que vous avez éprouvée d'après l'examen que vous avez
« fait des comptes de mon fils, receveur des revenus des Princes, à Arlay, où
« il réside : je ne me fus jamais attendu *à une pareille conduite*. J'en ai fait
« part à son frère, mon successeur à Vers, où je vois que celui-ci est rempli
« du désir de faire honneur à sa place, et mériter la confiance des Princes avec
« la vôtre. »

« Lorsque j'ai eu l'honneur de vous offrir mon fils pour succéder au sieur
« Bourgeois, j'étais bien éloigné de penser qu'un jour je recevrais des reproches
« sur sa conduite. Je viens de lui en écrire, et je l'invite à se rendre ici auprès
« de moi pour s'expliquer et en rendre compte. J'en suis si pénétré, que loin
« de me rétablir d'une maladie rhumatismale jointe à une hernie qui me tourmentent
« depuis 4 à 5 ans, elles vont mettre fin à mes jours. J'avais conçu quelques
« espérances de rétablissement depuis que j'avais reçu des marques de *reconnaissance*
« *de mes services*, et que j'avais eu l'honneur de voir Mgr. le Prince Pierre à
« Salins, mon lieu natal. Mais aujourd'hui j'en suis déchu ; je ne peux plus
« que gémir. L'incendie de Vers, dont j'ai été tristement la victime par une

« perte considérable, a mis bien moins au jour ma sensibilité que la nouvelle
« du mécontentement que vous avez de la conduite de mon fils, que je croyais
« avoir placé, par votre bonté, pour moi, sous la protection d'une puissante maison,
« *toujours disposée à rendre service à ceux qui ont travaillé avec zèle et amour*
« *pour leurs intérêts* dans la vue de la justice. »

« Comme mon fils ne manquera pas de venir ici, ensuite de ma lettre, et
« que j'aurai les éclaircissements nécessaires, je me presserai de vous en faire
« part, etc. »

Signé MARAUX.

M. Jean-Baptiste Maraux, après avoir comparu devant son père, écrivit à
M. Mary, le 5 février 1822, une lettre conçue en des termes aussi roides et
peu convenables que ceux de la lettre de son père étaient mesurés et honnêtes.
On en peut juger par les expressions de cette lettre.

Monsieur,

« J'arrive de chez mon père, où j'ai été appelé ensuite d'une lettre qu'il avait
« reçue de vous depuis quelques jours. J'étais éloigné de penser, à l'ouverture
« de cette lettre, que je pourrais y rencontrer tous les sujets de plainte que
« vous m'adressez ; car, dans le fait, je n'avais pas plus lieu de m'y attendre
« qu'il n'y avait lieu à les mériter. »

« Parce que vous avez trouvé dans mes comptes un reliquat de 16,000 francs,
« vous allez de suite me condamner, et me croire dans un état de déconfiture
« et de dérangement *qui n'aurait plus de bornes*, puisque déjà, dites-vous, *ce*
« *reliquat doit être beaucoup augmenté, et qu'il ne peut aller qu'en croissant.*

« Quel est donc, Monsieur, le genre d'*inconduite* que vous voulez bien me
« supposer, pour penser que je puisse ainsi *dissiper* les deniers qui me sont
« *confiés ?* Heureusement j'ose me flatter qu'il n'en existe point de ce genre, ni
« aucun qui puisse m'entraîner dans un abandon tel que celui que vous me
« reprochez, et j'ose me flatter même *que j'aurai toujours* assez de force pour m'en
« garantir. Ma position, Monsieur, n'est point dans l'état fâcheux où vous la
« trouvez ; et *lors même que quelques circonstances désavantageuses auraient pu*

« m'amener dans cet état; je serais toujours à même de tout réparer. Veuillez donc
« ne pas vous alarmer sur mon reliquat, qui est tout-à-fait éloigné du taux où
« vous le portez, et ne me jugez déjà pas, par de fausses préventions, *capable*
« *d'une conduite pareille à celle de mon prédécesseur,* ni que je puisse un jour
« me voir plongé dans *un pareil désordre*. Non, Monsieur, je puis vous l'assurer,
« jamais vous ne serez fondé *à m'adresser de pareils reproches*. »

« Voici, je crois, l'état dans lequel se trouvent les comptes que je vous ai
« adressés, à la suite desquels j'aurais dû peut-être mettre quelques observations
« pour le reliquat qui y existe, puisque vous avez pu vous inquiéter sur la
« hauteur de ce même reliquat, pour lequel cependant vous auriez pu m'écrire
« directement; car mon père, auquel vous vous êtes adressé, ne pouvait rien
« vous répondre de positif sur tout ce que vous lui annoncez : seulement vous
« êtes le premier qui ayez pu lui laisser quelques inquiétudes sur ma position. »

« En repassant ce qu'il en est, nous trouverons donc, Monsieur, que les
« comptes nous présentent en recette effective une somme de 115,814 fr. »
« En dépense celle de . . . . 93,877 fr. »

« Le reliquat sera de . . . . 21,937 fr. »
« Sur lequel nous avons à déduire :
« 1° Pour prêt à M. Fenouillot, dont il n'est
« encore rien rentré, en raison de la difficulté
« élevée par Mademoiselle Fenouillot, dans le
« procès-verbal d'ordre pour la distribution des
« deniers. . . . . 6,000 fr.   ⎫
« 2° Pour pièces de dépense sur l'exercice   ⎬ 17,790 fr. »
« 1820, celle de. . . . . 6,000 fr.   ⎪
« 3° Pour la remise au receveur. . . . . . . 5,790 fr.   ⎭

4,147 fr. »

« Voilà ce qui doit exister par mes comptes, et je ne présume pas que
« l'on puisse trouver quelque chose au-delà. »

« Vous devez bien penser, Monsieur, que mes comptes étant rendus jusques
« et compris 1819, toutes les recettes que j'ai pu faire jusqu'à la fin de l'exercice
« 1820 ont été comprises dans ce compte, puisqu'elles appartenaient à cet exercice,
« et que je suis demeuré à découvert de toutes les dépenses de l'exercice 1820,

« qu'il faut par conséquent déduire du reliquat du compte précédent, puisqu'il
« n'y a encore eu aucune recette à imputer sur 1820. Je suppose, par exemple,
« le cas où vous me demanderiez actuellement le compte de cet exercice 1820 :
« en vous rendant ce compte, j'aurais à vous porter en recette tout ce qui pourrait
« avoir été perçu jusqu'à ce moment, sans avoir encore rien à attribuer à l'exercice
« 1821, et je me trouverais cependant avoir complétement soldé les dépenses de
« cet exercice, ce qui forcerait toujours mon reliquat d'autant, mais qu'il faudrait
« déduire du compte précédent pour avoir la vraie situation. Voilà, Monsieur,
« ce qui a lieu dans le cas actuel, et ce qui fait que mon compte vous présente
« un reliquat si élevé. »

« Vous voyez que jusques-là il n'y a pas lieu à vous alarmer; et pour achever
« de vous tranquilliser, aussitôt que mes comptes me seront parvenus, je m'occuperai
« instamment de vous établir ceux de l'exercice 1820 et 1821, et vous verrez
« par-là si je ne suis pas à la hauteur de mes recettes, *et si j'ai pu dissiper*
« *les sommes qui m'ont été versées*. Je vous avoue, Monsieur, qu'il est bien
« pénible pour moi de voir en vous une telle prévention; je sens combien, par
« votre organe, elle peut m'être funeste près des personnes dont j'ai besoin de
« toute la protection pour m'aider à élever une famille nombreuse qui est à ma
« charge; mais j'aime à me persuader que vous reviendrez de cette défaveur,
« attendu qu'elle n'est point méritée, et que je pourrai toujours me croire digne
« de votre bienveillance et de la leur. »

« Plein de cette confiance, j'ai l'honneur d'être très-parfaitement, etc. »

Signé MARAUX fils.

M. Mary ne fut pas la dupe des excuses de M. Jean-Baptiste Maraux, dont le peu de fondement a été démontré par les comptes rendus depuis, par l'insolvabilité que non seulement il avoue, mais dont il prétend se faire un moyen pour éviter de payer ses dettes. Combien M. Jean-Baptiste Maraux doit paraître coupable aujourd'hui, si on le juge d'après les termes tranchants de ses propres écrits, d'après ses fastueuses protestations de solvabilité et de probité, et d'après la comparaison de sa conduite avec celle de son prédécesseur, dont il repoussait le parallèle, quoique M. Bourgeois n'ait cependant fait éprouver à ses mandants qu'une perte de 468 francs!

Le Prince Pierre, étant devenu propriétaire des biens de Franche-Comté, par suite des partages de famille, à dater du premier janvier 1823, M. Mary le prévint de l'inconduite du régisseur d'Arlay et de l'état dans lequel devait être sa comptabilité. Tout en arrivant dans ce pays-ci, S. A. S. le Prince Pierre s'empressa de vérifier lui-même la comptabilité du défendeur. Cette vérification démontra que celui-ci était débiteur envers la famille d'Arenberg de la somme de 36,981 francs 60 centimes, qu'il n'avait pas en caisse, et qu'il restait pour 44,225 francs de reprises à exercer.

Toujours par reconnaissance pour M. Maraux père, S. A. S. le Prince Pierre conserva le fils, malgré son inconduite et le désordre de ses affaires. Le Prince fit ses efforts pour le ramener au devoir, l'engagea à s'occuper de ses nombreux enfants, et lui promit de l'aider à les placer, s'il s'acquittait convenablement des devoirs de l'emploi qui lui avait été confié. Malgré des remontrances si justes et si paternelles, le comptable resta trois ans sans faire le moindre versement dans l'intérêt de la famille d'Arenberg, soit sur la somme de 36,931 francs qu'il avait touchée avant l'arrivée du Prince Pierre, soit sur ce qu'il avait dû toucher sur les 44,225 francs de reprises à exercer. La famille d'Arenberg, n'étant pas plus avancée au bout de trois ans d'attente que le premier jour, envoya à Arlay M. Frizon, son mandataire, pour en finir. Tout en arrivant, M. Frizon aurait pu exiger le paiement de l'énorme reliquat que S. A. S. le Prince Pierre avait trouvé en vérifiant, lors de son arrivée en 1823, la comptabilité du défendeur ; il aurait pu aussi exiger de suite le paiement des sommes touchées sur les 44,225 francs depuis trois ans. Cependant aucune poursuite ne fut dirigée contre le comptable, qui paya, au commencement de février 1826, 15,000 francs, le douze mai 26,000 francs, et vers la fin d'août 6,322 francs.

Le 12 septembre 1826, il résulta d'un aperçu de compte que M. Maraux redevait à la famille d'Arenberg, pour son administration antérieure à 1823, environ 6,000 francs par lui touchés, et que les reprises à faire s'élevaient à-peu-près à 26,000 francs, en tout 32,000 francs.

La lenteur que le défendeur mettait à faire les recouvrements, et la nécessité d'en finir, firent que l'on proposa au comptable de lui abandonner les reprises pour les exercer dans son propre intérêt, à charge par lui de payer seulement 16,994 francs en trois termes, de quatre mois en quatre mois. Par là on lui abandonnait :

1° 6,000 francs pour les arrérages qui étaient devenus irrécouvrables, parce que le comptable avait négligé de prendre les sûretés convenables et de presser les remboursements. Il n'avait lui-même porté les arrérages irrécouvrables qu'à 5,541 fr.

2° 468 francs pour anciennes créances provenant de son prédécesseur. Il serait bien à désirer que le défendeur, qui a été si sévère pour son prédécesseur, ne fît pas éprouver à ses mandants une perte plus considérable.

3° 6,600 francs pour la nourriture d'un cheval pendant 22 ans. On n'avait jamais rien alloué à M. Maraux pour cet objet dans aucun de ses comptes, quoiqu'il en eût déjà fait plusieurs fois la réclamation. Il récoltait, dans le parc d'Arlay, bien au-delà de ce qu'il fallait pour nourrir un cheval; il n'avait jamais rendu aucun compte de ce produit. Cet avantage, que n'avaient pas les autres régisseurs, était la cause du refus qu'on a toujours fait au régisseur d'Arlay de lui allouer 300 francs par an pour l'entretien d'un cheval. On lui faisait donc un véritable cadeau en lui allouant pour cet objet une somme de 6,600 francs.

4° Enfin, en ne lui demandant que 16,994 francs, au lieu de 32,000 francs, on lui abandonnait encore 1,938 francs.

Malgré l'avantage évident de cette proposition, le mandataire la refusa, quoiqu'il fût responsable des pertes provenant de la négligence qu'il avait mise à exiger des sûretés et à faire les rentrées en temps utile.

Pour en finir, le conseil de la famille d'Arenberg consentit à une nouvelle diminution de 2,994 francs. M. Maraux refusa encore cette proposition. Il fut alors invité à faire de suite le versement des 6,000 francs qu'il devait avoir en caisse pour la famille. Il avoua qu'il n'avait pas cette somme.

Le Prince Pierre, alarmé par ce *déficit*, exigea de suite un état de caisse, en ce qui le concernait personnellement, comme propriétaire actuel. Cet état inexact nécessita des recherches qui démontrèrent que le comptable devait avoir en caisse, pour S. A. S. le Prince Pierre, au moins 18,000 francs. Le défendeur, ayant reçu l'ordre d'en faire le versement, fut contraint d'avouer qu'il ne possédait pas cette somme. Il demanda jusqu'à la fin du mois de septembre pour payer 10,000 francs, et promit de payer le reste sur le prix de son domaine de Villevieux, qu'il annonçait l'intention de vendre.

Ce ne fut que dans les premiers jours de janvier 1827 que s'effectua le paiement de 10,000 francs. Mais il ne fut plus question de la vente du domaine de Villevieux, ce qui détermina le Prince à demander des garanties pour les 8,000 francs que le défendeur avait dissipés. Celui-ci offrit de céder au demandeur des objets mobiliers qu'il estimait à 1,813 francs, et dont il fournit la note détaillée ; il proposa une vigne pour 1,600 francs, déclara être en avance de 200 francs pour les dépenses de 1827, et souscrivit un billet de 4,390 francs.

Le demandeur accepta les objets mobiliers pour le prix auquel le défendeur les avait estimés, fixa le jour et l'heure pour faire rédiger l'acte de vente de la vigne offerte, et se contenta du billet de 4,390 francs, moyennant que Jean-Baptiste Maraux fournirait caution pour assurer le paiement de cette somme. Mad. Maraux s'étant opposée à la vente de la vigne, son mari ne se rendit pas chez le notaire à l'heure indiquée, et le 9 avril 1827, il écrivit pour annoncer qu'il retirait son offre de céder la vigne pour 1,600 francs, qu'il ne trouvait point de caution pour le billet de 4,390 francs, mais qu'il y ferait honneur à terme et satisferait à tout ce qu'il pourrait redevoir au demandeur, d'après le compte à rendre pour 1826. Le refus de donner caution détermina le Prince d'Arenberg à renvoyer à M. Jean-Baptiste Maraux le billet de 4,390 francs qu'il avait souscrit. Celui-ci ne s'étant pas trouvé chez lui, son fils délivra pour lui un reçu constatant la remise de ce billet. Ainsi la proposition de céder une vigne et de souscrire un billet fut sans résultat, et le comptable resta débiteur de toutes les autres sommes qui doivent figurer dans le compte d'apurement ; de même qu'il est encore débiteur envers la famille d'Arenberg, pour la gestion qui a précédé l'année 1823, non seulement de la somme de 6,000 francs, qu'il avait dissipée lorsqu'on lui en a demandé le paiement, mais encore de toutes les autres sommes qu'il a reçues depuis sur les reprises à exercer, et qui montent à environ 16,000 francs.

Le Prince d'Arenberg, ayant pris par lui-même connaissance de la véritable valeur de ses propriétés, a pu se convaincre que M. Jean-Baptiste Maraux ne les administrait pas en bon père de famille, et que son administration ne procurait pas au propriétaire tout le revenu possible. Ce fait est maintenant clairement démontré par la comparaison des revenus dont comptait M. Maraux avec ceux que perçoit M. Vanier son successeur, qui a amodié les mêmes propriétés un tiers en sus.

Les efforts inutilement faits par S. A. S. lui ont prouvé que c'était en vain qu'elle avait espéré de ramener au devoir son régisseur d'Arlay. L'embarras de sa position démontra qu'on ne pouvait avec sûreté lui laisser manier plus long-temps les deniers de sa recette et ceux de la recette de son frère. Le Prince lui retira donc ses pouvoirs sans éclat, et fit tous ses efforts pour régler à l'amiable. Le défendeur crut qu'en criant beaucoup, en faisant grand bruit et donnant un grand scandale, il aurait l'air d'une victime, et que le public, assez habituellement jaloux des grandes fortunes, se prononçant pour lui, le Prince d'Arenberg n'oserait pas se pourvoir en justice pour obtenir la reddition du compte.

Le Prince d'Arenberg ne s'est point laissé effrayer par les clameurs ni par l'impertinence de M. Jean-Baptiste Maraux, qui passe, pendant la mauvaise saison, une partie de la journée à jouer au billard dans le tourne-bride du château, et pendant la belle saison emploie de même une grande partie de son temps à jouer aux boules à la porte même du château, sur la propriété du Prince, théâtre que cet ancien régisseur semble choisir de préférence pour toiser avec audace et insulter, par sa contenance, toutes les personnes qui font partie de la maison du Prince, ou qui ont quelques relations avec lui.

S. A. S. s'est pourvue en justice afin de faire connaître la vérité; le long temps qui s'est écoulé depuis le commencement de la procédure a mis à découvert le désordre des affaires du défendeur, et le jugement que le tribunal rendra achèvera de démontrer que le Prince a été forcé d'user des voies de rigueur, et sera encore obligé d'y recourir pour échapper aux fraudes sur le résultat desquelles M. Maraux compte pour éviter de payer ses dettes.

Le défendeur a présenté à M. le juge commissaire un premier compte sur papier libre, dans lequel il se reconnaissait reliquataire. M. le juge commissaire ayant accordé au comptable un délai pour rédiger son compte sur papier timbré, afin d'éviter des frais frustratoires, celui-ci a rédigé un nouveau compte sur papier timbré, dans lequel il s'établit modestement créancier de la somme de 55,811 francs 35 centimes.

On démontrera d'abord que le défendeur est reliquataire, toutes déductions faites, de la somme de 12,436 francs 86 centimes, avec intérêts depuis le jour où il a employé cette somme à son profit, ou du jour où il a été constitué en demeure.

En second lieu, on prouvera qu'il doit être condamné par corps à faire le paiement de cette somme.

DISCUSSION.

Il faut ajouter à la recette :

Premièrement. 68,100 francs 81 centimes. D'après le compte présenté pour 1825 par M. Jean-Baptiste Maraux, il est reliquataire d'une somme de 69,766 francs 38 centimes. Sur cette somme, 33,311 francs 47 centimes proviennent de la régie du défendeur : le reste a été versé par son frère, comme provenant de sa régie. M. Jean-Baptiste Maraux ayant le droit de retenir 1,665 francs 57 centimes, formant le vingtième de la recette de sa régie, il en résulte qu'il ne doit rapporter que 68,100 francs 81 centimes.

Ce reliquat du compte précédent doit figurer dans le compte de 1826.

1° Parce que le maniement de cette somme a fait partie de l'administration qui a eu lieu pendant l'année 1826. En effet, elle a été en partie employée à la dépense occasionnée par cette administration, puisque, d'après le compte présenté en justice par le défendeur, la dépense faite pendant cette année est de 55,811 francs 35 centimes plus forte que la recette. Il a bien fallu que le comptable prît cette somme quelque part, pour la dépenser. Or, il ne fera croire à personne qu'il ait puisé cette somme énorme dans sa pauvre bourse, et qu'il ait laissé en caisse le reliquat de l'année précédente : donc le maniement de cette somme a fait partie de l'administration qui a eu lieu pendant l'année 1826.

2° Parce qu'il est d'usage de faire figurer dans chaque compte le reliquat des comptes antérieurs, et que cet usage a été suivi par le comptable lui-même dans tous les comptes qu'il a rendus.

3° Parce que le défendeur a reconnu, dans ses lettres des 29 mars 1827, 7 et 9 avril de la même année, ainsi que dans le compte sur papier libre qu'il avait d'abord présenté à M. le juge commissaire, qu'il en devait être de même dans le compte en discussion.

4° Il en doit être ainsi avec d'autant plus de raison qu'il s'agit d'un compte d'apurement destiné à fixer définitivement la position des parties l'une à l'égard de l'autre. Aussi le défendeur, en ce qui le concerne, a-t-il fait des réclamations qui portent sur la gestion des exercices antérieurs. Il a demandé 1,200 francs pour l'entretien d'un cheval depuis 1823, époque à laquelle la jouissance du parc lui a été retirée. Il a aussi porté en compte deux et demi pour cent, qu'il réclame pour les sommes qui ont été versées dans sa caisse, non seulement en 1826, mais aussi en 1823, 1824 et 1825. Ce dernier compte doit donc contenir tout l'arriéré des comptes précédents.

Si l'on ne faisait pas figurer dans le compte de 1826 le reliquat du compte antérieur, il en résulterait que celui qui doit se trouver débiteur en définitive se trouverait d'abord créancier, en vertu d'un jugement dont il pourrait poursuivre l'exécution, sans être exposé à se voir repoussé par la compensation, qui, d'après l'article 1291 du Code civil, n'a lieu qu'entre deux dettes également liquides ; et la créance du demandeur n'est pas liquide, puisque le compte de 1825 n'est ni balancé ni arrêté.

5° Les parties, étant en présence, peuvent amplier leurs conclusions ; et au besoin le demandeur conclut formellement à ce que le comptable soit condamné à faire état du reliquat du compte de 1825, qui sera balancé et arrêté par le tribunal.

Secondement. Par les motifs qui viennent d'être développés, il faut ajouter à la recette 2,167 francs pour du linge et des meubles vendus dans l'intérêt du demandeur par M. Jean-Baptiste Maraux, qui en a touché le prix, comme cela résulte de l'état de caisse par lui fourni le 7 novembre 1823. Cette somme n'a figuré dans aucun des comptes précédents.

Il faut retrancher de la dépense :

1° 905 francs 16 centimes. Le défendeur porte en dépense une somme de 1,500 francs pour son traitement pendant l'année 1826. Le mandataire ne peut pas ainsi taxer à son gré le mandant, surtout quand il y a eu un salaire convenu. Il n'a jamais été promis ni alloué autre chose à M. Jean-Baptiste Maraux que ce que l'on accorde indistinctement à tous les receveurs de la maison d'Arenberg, c'est-à-dire le vingtième de la recette : cela est prouvé par les comptes antérieurs, arrêtés contradictoirement avec le défendeur. S'il n'avait pas laissé en arrière des reprises pour 21,644 francs 50 centimes, il aurait à réclamer des émoluments plus considérables. Le vingtième de la recette effective de 1826 est de 594 francs 84 centimes. En portant en dépense 1,500 francs, le comptable réclame donc 905 francs 16 centimes de trop.

2° Il faut retrancher de la dépense 2,777 francs 58 centimes. Le régisseur de la terre de Vers a déposé dans la caisse du défendeur, en 1823, 8,004 francs 75 centimes ; en 1824, 13,886 francs 78 centimes ; en 1825, 88,866 francs 29 centimes ; en 1826, 28,126 francs 85 centimes, en tout 138,884 francs 67 centimes : M. Jean-Baptiste Maraux prétend aujourd'hui qu'on doit lui payer le deux et demi pour cent de toutes ces sommes, qu'il n'a fait qu'encaisser, c'est-à-dire moitié de ce qu'on alloue au régisseur qui administre les biens et fait les rentrées. Il ne justifie nullement cette prétention : elle ne pourrait cependant être accueillie qu'autant qu'il prouverait que le mandant a pris l'engagement de lui faire cette remise ; car, de sa nature, le mandat est gratuit (C. C. 1986) ; et non seulement il n'a jamais été rien promis au défendeur pour cet objet, mais il a lui-même reconnu qu'il ne lui était rien dû, puisque dans les arrêtés des comptes de 1823 et 1824, qu'il a approuvés en les signant, non seulement il ne lui est rien alloué pour l'encaissement des sommes versées dans ses mains par le régisseur de la terre de Vers, mais ces sommes sont expressément déduites de la recette, pour le calcul des émoluments alloués au défendeur. L'encaissement de ces sommes n'a occasionné aucun surcroît de travail au comptable; cependant on consent à lui allouer un demi pour cent, qui est le *maximum* de ce que les banquiers demandent pour une pareille commission; ce qui fait une somme de 694 francs 42 centimes, au lieu de 3,472 francs réclamés pour cet objet. Ainsi, pendant l'année 1826, le mandataire aura été logé, aura reçu 300 francs pour l'entretien d'un cheval et 1,289 francs 26 centimes pour frais de régie.

D'après ces rectifications, il faut augmenter la recette :

1.° De 68,100 francs 81 centimes, reliquat du compte précédent, déduction faite de 1,665 francs 57 centimes formant le vingtième de la recette effective de 1825, pour la régie dont le défendeur était personnellement chargé.

2.° De 2,167 francs, prix de linge et meubles. Total 70,267 francs 81 centimes.

Le défendeur trouve dans son compte un reliquat de 55,811 francs 35 centimes ; il faut le diminuer 1.° de 905 francs 16 centimes; 2.° de 2,777 francs 58 centimes : il n'est donc que de 52,128 francs 41 centimes; mais le comptable s'étant trouvé en avance de 3,889 francs 45 centimes sur le compte de 1824, et ayant cédé des effets mobiliers pour 1,813 francs, dont le demandeur doit lui tenir compte, le reliquat est réellement de 57,830 francs 86 centimes, qu'il faut soustraire du total des sommes qui doivent être ajoutées au chapitre de recette; d'où il résulte que le défendeur est reliquataire de 12,436 francs 86 centimes.

Le comptable, ayant été constitué en demeure par l'assignation du 12 avril 1827, doit les intérêts du reliquat de son compte, depuis cette époque jusqu'à parfait paiement, d'après les articles 1146, 1147, 1139 et 1996 du code civil. Ces intérêts montent déjà en ce moment à plus de 1,088 francs ; et ils excèdent 1,200 francs en prenant pour point de départ, suivant l'article 1996, l'époque à laquelle le mandataire a employé à son usage les sommes reçues dans l'intérêt du mandant. Il est prouvé, par les écrits mêmes du comptable, que le 9 février 1827 il ne put pas payer les sommes qu'il avait touchées pour le mandant, et qu'il offrit, pour s'acquitter, de céder une vigne pour 1,600 francs, et de souscrire un billet de 4,390 francs, payable le 9 février 1828. Sa femme s'étant opposée à la vente de la vigne, et le comptable n'ayant pas fourni caution, ses offres furent refusées, et il se vit dans l'impossibilité de payer ce qu'il devait, c'est-à-dire tout ce dont il sera déclaré reliquataire par le jugement à rendre, puisque, ses pouvoirs lui ayant été retirés à cette époque, et n'ayant fait depuis aucune recette dans l'intérêt du mandant, M. Jean-Baptiste Maraux avait déjà reçu toutes les sommes qui doivent figurer dans son compte.

Depuis que M. Jean-Baptiste Maraux a levé le masque, il a employé tous les moyens possibles pour mettre S. A. S. le Prince Pierre et sa famille dans l'impossibilité d'obtenir le paiement de ce qui leur est légitimement dû. Deux jours avant que le tribunal de Lons-le-saunier condamnât M. Jean-Baptiste Maraux à rendre compte, celui-ci s'est reconnu débiteur envers son frère le notaire de la somme de 2,783 fr. 70 c., et lui a hypothéqué sa part héréditaire. Le notaire Maraux, de crainte d'y manquer, a pris deux inscriptions hypothécaires. Le Prince d'Arenberg ayant, pendant quelque temps, négligé de prendre inscription hypothécaire en vertu du jugement du tribunal de Lons-le-saunier, le notaire Maraux a cru pouvoir, sans crainte, acheter la part héréditaire de son frère Jean-Baptiste, et déclarer le prix payé en partie *comptant* et en partie par l'acquittement de la prétendue dette de 2,783 fr. 70 c., et par l'acquittement d'une somme due par J.-B. Maraux pour avancements d'hoirie dont il n'avait pas fait le rapport à la succession de son père. Quand le notaire Maraux est allé au bureau des hypothèques pour faire transcrire son contrat, il a appris que S. A. S. le Prince Pierre d'Arenberg avait pris inscription pour un reliquat évalué provisoirement à 16,000 francs. C'est alors que le notaire Maraux a offert 1,068 francs au Prince d'Arenberg pour qu'il donnât main-levée de son inscription, et qu'il s'est armé de l'hypothèque légale de Mad. Maraux d'Arlay, pour faire reculer le demandeur devant cet épouvantail.

Mad. Maraux d'Arlay, après avoir puissamment aidé, par son défaut d'ordre et ses folles dépenses, son mari à se ruiner, a pensé qu'il valait mieux se déshonorer que de s'appauvrir en payant ses dettes : de concert avec son mari, elle a provoqué une séparation de biens ; et en attendant que, par l'effet d'une liquidation, elle pût s'approprier le mobilier de la communauté, elle l'a soustrait à la main des huissiers en le plaçant chez des complaisants.

Dans un pareil état de choses, le seul moyen de déjouer les fraudes qui auraient pu être concertées entre les époux Maraux, d'Arlay, ou avec les parents de celui-ci, est d'avoir recours à la contrainte par corps. Il existe trois moyens pour la faire prononcer.

Premier moyen. Le fait d'avoir détourné des sommes reçues dans l'intérêt du mandant, étant punissable correctionnellement, donne lieu à la contrainte par corps pour la restitution des sommes employées par le mandataire dans son propre intérêt.

En fait, les sommes ont été employées par M. Maraux dans son intérêt.

1° Cela résulte de sa propre correspondance, qui démontre qu'au commencement du mois de février 1827, lorsqu'on lui a demandé de verser 8,000 francs qu'il devait avoir en caisse, il a offert de se libérer en cédant une vigne, et en souscrivant un billet : cette proposition est restée sans résultat par les motifs déjà indiqués. Il a même fait plaider que les 10,000 francs qu'il a payés dans le commencement de janvier 1827 avaient été puisés dans la bourse de M. Verguet, et que la prétendue créance du notaire Maraux provenait d'avances par lui faites pour mettre le défendeur à même de payer quelques unes des sommes dont il était reliquataire. Le comptable n'avait donc pas conservé les sommes par lui reçues pour le mandant.

2° Deux infidélités démontrent que le défendeur était dans l'habitude d'employer à son usage les fonds de sa recette, et que c'est pour cette raison que ses comptes offraient toujours, en apparence, des reprises considérables à exercer.

Dans son compte présenté vers la fin de janvier 1827, M. Jean-Baptiste Maraux, après avoir mentionné ce qu'il dit avoir reçu, sur les baux, pour l'exercice de 1825, annonce que François Rameaux doit encore 1,000 francs sur ce même exercice ; cependant les quittances délivrées à Rameaux par le défendeur lui-même prouvent que depuis le 29 juin 1826, c'est-à-dire sept mois avant la présentation du compte, ce fermier était entièrement libéré. Le comptable avait donc reçu 1,000 francs qu'il lui convenait de garder pour s'en servir : aussi ne les a-t-il portés que dans le dernier compte. Il n'est pas possible d'excuser le défendeur en disant qu'il a péché par ignorance : son infidélité est prouvée par la démarche qu'il a faite auprès de Rameaux, pour que celui-ci lui confiât ses quittances, sous le prétexte qu'il avait besoin de les examiner, et par la prière qu'il a ensuite adressée à ce fermier, pour l'engager à déclarer à S. A. S. le Prince d'Arenberg qu'il redevait cette somme. M. Maraux reconnaissait sa turpitude en disant à Rameaux : « si « vous ne faites pas la reconnaissance que je vous demande, je suis un homme « perdu. »

Le fait reproché au défendeur est matériellement prouvé par ses propres écrits ; et la déclaration que Rameaux a faite par écrit, en présence de deux témoins dignes de foi, quoique n'étant pas une preuve judiciaire, ne peut laisser aucun doute sur l'infidélité du comptable.

Dans le compte présenté vers la fin de janvier 1827, le défendeur a indiqué Desras comme redevant encore, d'une part 92 francs 40 centimes, et d'autre part 125 francs, en tout 217 francs 40 centimes; tandis qu'il est prouvé, par les quittances délivrées par le défendeur lui-même à Desras, que ce fermier ne redevait, au moment de la présentation du compte, que 125 francs : le comptable retenait donc encore 92 francs 40 centimes, pour ne faire état de cette somme que dans un compte postérieur.

3° Si le défendeur est insolvable, comme le prétend sa femme qui, par cette raison, poursuit la séparation de biens, et comme l'annonce son frère le notaire, dans sa lettre du 14 décembre 1828, où il dit que les 1,068 francs qu'il offre à S. A. S. le Prince Pierre sont tout ce que celui-ci peut espérer retirer de sa créance, il est évident que Jean-Baptiste Maraux a dissipé les deniers par lui reçus dans l'intérêt de son mandant.

4° S'il reste du doute sur cette insolvabilité, ou sur l'intention de M. J.-B. Maraux de s'approprier les deniers de la recette qui lui avait été confiée, le tribunal peut lui ordonner de payer dans un délai que le jugement indiquera, et n'autoriser la contrainte par corps qu'à défaut de paiement dans le temps fixé. Après l'expiration du délai sans paiement, il serait évidemment prouvé que le comptable a dissipé les deniers de sa recette.

Les moyens de droit, ayant été déjà développés à la première audience, ne seront retracés que succinctement.

Après avoir établi en fait que le comptable a détourné ou dissipé les deniers de sa recette, il faut prouver que ce fait est punissable correctionnellement, et que, par cette raison, il y a lieu à la contrainte par corps, pour la restitution et les dommages-intérêts.

1° Le fait est punissable correctionnellement. L'article 408 du Code pénal porte : « *quiconque* aura *détourné* ou *dissipé*, au préjudice du *propriétaire*, possesseur « ou détenteur, des effets, *deniers*, marchandises, billets, quittances, ou tous « autres écrits contenant ou opérant obligation ou décharge, *qui ne lui auraient* « *été remis qu'à titre de dépôt* ou pour *un travail salarié*, à charge de les *rendre* « ou représenter, ou d'en *faire un usage* ou un *emploi déterminé*, sera puni, etc. »

La disposition de cet article, quoique ne parlant pas spécialement du mandataire, le comprend bien certainement dans la généralité de ses termes; soit en ce que le mandataire ne faisant pas siens les deniers qu'il reçoit en vertu de son mandat, ils ne sont entre ses mains qu'un véritable dépôt, qui augmente ou diminue pour le propriétaire, suivant la valeur attribuée à ces deniers par le souverain ; soit en ce que le mandataire ne reçoit *les deniers dûs au mandant que pour un travail salarié, à charge de les rendre ou d'en faire un emploi déterminé*. La loi range la violation du dépôt et l'abus du mandat sur la même ligne ; c'est par cette raison que l'article 593 de Code de commerce porte : « sera déclaré banqueroutier « frauduleux tout commerçant failli qui, ayant été chargé d'un *mandat* spécial, ou «. constitué *dépositaire d'argent*, d'effets de commerce, denrées ou marchandises, etc., « a, au préjudice du mandat ou du dépôt, *appliqué à son profit* les *fonds* ou la « valeur des objets sur lesquels portaient *soit le mandat soit le dépôt*. »

Il semble que le vœu de la loi soit assez clairement manifesté pour qu'il n'y ait pas lieu à discuter sur ce point. Cependant, comme les articles 6 et 12 de la loi du 25 frimaire an 8 ne punissaient que le fait d'avoir détourné ou dissipé des objets confiés pour un travail mécanique et l'abus de dépôt et de mandat, seulement lorsque ces contrats étaient gratuits, il en est résulté qu'on a voulu interpréter le Code pénal par la loi antérieure, et que la cour de Caen a jugé que les expressions de l'article 408 du Code pénal, *travail salarié*, ne devaient s'entendre que de la soustraction de marchandises, ou de toutes autres choses susceptibles d'être ouvragées ou perfectionnées, et ne pouvaient s'appliquer à une gestion proprement dite. M. Merlin, procureur-général de la cour de cassation, s'est pourvu, dans l'intérêt de la loi, contre cet arrêt. Le 11 septembre 1813, il a rédigé à cet effet un réquisitoire qui est un modèle admirable de netteté, de précision et de raisonnement. Il a été lu à la première audience à laquelle la cause de S. A. S. le Prince d'Arenberg fut plaidée. Ce réquisitoire ne laisse pas un mot à ajouter. Il est rapporté dans le recueil général des lois et arrêts de Sirey, T. 14, p. 50 et suivantes. Le savant réquisitoire de M. Merlin a été couronné d'un plein succès ; la cour de cassation, par son arrêt du 18 novembre 1813, a cassé l'arrêt de la cour de Caen, en déclarant, par les motifs qu'avait déduits M. Merlin, que l'article 408 du Code pénal était introductif d'un droit nouveau et applicable au mandataire salarié, qui détourne ou dissipe les deniers reçus par lui des débiteurs de son mandant. Cet arrêt est rapporté à la page 18 du volume qui vient d'être cité.

2° Il reste à démontrer qu'un fait punissable correctionnellement donne lieu à la contrainte par corps pour la restitution et les dommages-intérêts adjugés par un tribunal civil.

Il est vrai que, d'après la disposition de l'article 2063 du Code civil, la contrainte par corps est une voie d'exécution rigoureuse, exorbitante du droit commun, et qui ne peut être prononcée que dans les cas déterminés par la loi. Mais il n'est pas moins certain, d'après l'article 2070 du même Code, que les lois de police correctionnelle étendent les cas ordinaires de la contrainte par corps : aussi les articles 52 et 469 du Code pénal décident-ils qu'en cas de délits, l'exécution des condamnations aux restitutions et aux dommages-intérêts pourra être poursuivie par la voie de la contrainte par corps.

Cette voie de rigueur est accordée par la loi en haine de la fraude, et pour assurer, par tous les moyens possibles, la réparation du préjudice souffert. C'est la nature du fait pour lequel on demande condamnation qui donne lieu à la contrainte par corps, et non la nature du tribunal auquel on s'adresse. C'est en haine de la fraude que l'article 2066 prononce la contrainte par corps contre les femmes, les filles et les septuagénaires, en cas de stellionnat. C'est par la même raison que les articles 52 et 469 du Code pénal la prononcent, pour assurer la restitution et les dommages-intérêts auxquels donnent lieu les délits. Ce qui prouve que ce sont là les motifs de cette extension de la contrainte par corps, et que cette extension doit recevoir son application devant les tribunaux civils, c'est que, d'après les articles 1268 du Code civil, 905 du Code de procédure et 575 du Code de commerce, la loi ne veut pas que le débiteur puisse se soustraire à l'emprisonnement au moyen de la cession de biens, lorsqu'il a dissipé *les deniers d'autrui*, en commettant des infidélités.

Ce cas est bien différent (comme le dit M. Merlin dans le réquisitoire déjà cité) de celui où un individu devenu *propriétaire* des deniers qu'on lui a prêtés, par suite d'une confiance indiscrète, mais libre, dissipe ces deniers; il ne dissipe que *sa propre chose*, et l'impuissance dans laquelle il se trouve plus tard d'en rendre l'équivalent ne le constitue pas en délit.

C'est d'après ce principe que la chambre des Pairs a décidé qu'en suite du pouvoir discrétionnaire que lui accorde l'article 34 de la Charte constitutionnelle,

elle ne permettrait d'exercer la contrainte par corps contre un de ses membres que dans le cas de dol ou de fraude. Cette décision, prise le 22 avril 1822, est rapportée dans le recueil d'arrêts de Sirey, T. 22, p. 270 de la 2ᵉ partie.

La partie lésée par le délit peut en poursuivre la réparation civile, soit devant le tribunal correctionnel, soit devant le tribunal civil, d'après l'article 3 du Code d'instruction criminelle.

Ce qui motive la contrainte par corps, c'est la nature du fait sur lequel le demandeur fait reposer ses prétentions, et non la nature du tribunal auquel il s'adresse. C'est par ce motif qu'un tribunal de commerce qui condamne un individu non négociant, à raison d'une lettre de change ou d'un billet à ordre qu'il a signé avec des commerçants, ne doit pas prononcer la contrainte par corps contre lui, à moins qu'il ne soit engagé à l'occasion d'opérations de commerce (article 637 du Code de commerce). C'est aussi d'après le même principe que le tribunal civil dont on ne décline pas la juridiction, quoiqu'il s'agisse de matière commerciale, doit prononcer la contrainte par corps comme si la demande était portée devant le tribunal de commerce, et qu'il doit adjuger l'intérêt à 6 pour cent comme le ferait le tribunal de commerce. Ce dernier point a été jugé ainsi par l'arrêt qu'a rendu la cour de cassation le 16 juillet 1817, rapporté dans le recueil de Sirey, T. 19, p. 15.

Que le demandeur, après avoir souffert d'un délit, s'adresse au tribunal civil plutôt qu'au tribunal correctionnel, pour en obtenir la réparation, cela ne change en rien la nature du fait, qui reste également odieux; et le vœu de la loi est toujours que la réparation du préjudice souffert soit poursuivie par tous les moyens possibles.

Il en est de la contrainte par corps comme de la solidarité, qui ne se présume point et ne se supplée qu'en vertu d'une disposition de la loi (article 1202 du Code civil). D'après l'article 55 du Code pénal, elle a lieu pour obtenir les restitutions ou les dommages-intérêts auxquels les différents auteurs d'un même délit ont été condamnés; et lors même que le demandeur s'adresse au tribunal civil, l'article 55 du Code pénal reste toujours applicable : c'est ainsi que cela a été jugé par la cour de cassation le 6 septembre 1813. L'arrêt est rapporté dans le recueil de Sirey, T. 14, p. 57. Les mêmes motifs existent pour que les tribunaux puissent faire l'application de l'article 52 du Code pénal, avec d'autant plus de raison que l'article 2070 du Code civil le décide implicitement; aussi, le 16 juillet 1817, la cour de cassation a-t-elle jugé qu'un individu coupable d'avoir détourné des deniers au préjudice d'un tiers, pouvait, non seulement être condamné par corps, *par les tribunaux civils*, à la restitution; mais même que le défendeur ne pouvait échapper à la contrainte par corps, par application des lois civiles, qui exceptent le septuagénaire. On trouve cet arrêt dans le 19e volume du recueil de Sirey, à la page 15. M. Pigeau, dans son commentaire sur le Code de procédure civile, T. 1er, p. 298, et le recueil alphabétique du journal des avoués, T. 8, p. 694, enseignent la même doctrine.

Second moyen. Lors même que l'application des lois de police correctionnelle ne motiverait pas la contrainte par corps, elle devrait toujours être prononcée, par application de l'article 126 du Code de procédure, qui s'en rapporte pour cela à la prudence des juges, lorsqu'il s'agit de dommages-intérêts.

Tout ce que le mandataire reçoit en vertu de sa procuration appartient au mandant; le mandataire n'en est que le dépositaire, et doit le reproduire tel qu'il l'a reçu. Dans son traité du contrat de mandat, n° 58, Pothier dit : « la gestion que le mandataire a faite en exécution du mandat étant une gestion « qu'il a faite pour le mandant, et en son lieu et place, tout ce qui lui est « parvenu de cette gestion, il l'a reçu pour le mandant et en *son lieu et place*; « il doit donc *le* lui *restituer* entièrement: *ex mandato apud eum qui mandatum* « *suscepit nihil remanere oportet.* L. 20, ff. mandat. » C'est sur ce principe qu'a été calqué l'article 1993 du Code civil, qui porte que le mandataire est tenu de faire raison au mandant *de tout ce qu'il a reçu* en vertu de sa procuration.

Dans le réquisitoire qui a été déjà cité, M. Merlin a développé ce principe avec la force de raisonnement qui lui est habituelle, et a rappelé des espèces dans lesquelles la jurisprudence l'avait consacré. Il l'a été depuis par l'arrêt de cassation qui a suivi ce réquisitoire. Le cas de changement dans la valeur des pièces de monnaie fait parfaitement ressortir ce principe. Lorsque les écus de trois francs et de six francs ont été réduits de 25 centimes et de 20 centimes, ou lorsque les assignats ont diminué de valeur, la diminution a eu lieu pour le mandant, et non pour le mandataire; celui-ci, qui avait reçu des écus pour trois francs et pour six francs, n'a été obligé de verser que les espèces mêmes qu'il avait reçues, et non la valeur qu'elles avaient lorsqu'il les a touchées, parce que le mandant est le véritable propriétaire, et que *res perit domino*; de même, si la valeur de ces écus avait été augmentée, le mandataire n'aurait pas pu faire son bénéfice de cette augmentation, et se contenter de verser la valeur qu'avaient les pièces de monnaie lorsqu'il les a reçues. Il résulte de là que le mandataire, en dissipant les choses reçues, ou en les employant à son profit, se met dans l'impossibilité de les rendre, et que l'obligation se résout en dommages-intérêts ; car la somme que paiera le mandataire, après avoir dissipé les deniers reçus, ne sera pas la chose due en vertu du mandat, mais une indemnité destinée à en tenir lieu. D'après l'article 1147 du Code civil, le débiteur doit être condamné au paiement des dommages-intérêts, à raison de l'inexécution de l'obligation, toutes les fois qu'il ne justifie pas qu'elle provient d'une cause étrangère qui ne peut lui être imputée. L'obligation du mandataire était de restituer au mandant les espèces mêmes qu'il n'avait reçues qu'en dépôt.

Dans le contrat de vente, l'obligation du vendeur est de délivrer l'objet vendu à l'acheteur, et de l'en faire jouir : si, sur la réclamation d'un tiers, l'acheteur est évincé, le vendeur, qui n'empêche pas l'éviction, n'exécute pas l'obligation qu'il avait contractée, et l'acquéreur a droit de lui demander, suivant l'article 1630 du Code civil, la restitution du prix et les dommages-intérêts proprement dits. Cette restitution, n'étant pas l'objet promis, n'est qu'une indemnité à raison de l'inexécution de la convention ; et quoique l'article 1630 distingue la restitution des dommages-intérêts proprement dits, il est de jurisprudence constante que cette restitution doit être considérée comme dommages-intérêts, et peut donner lieu à la contrainte par corps. Cela a été ainsi jugé par la cour de cassation le 24 floréal an 12 ; l'arrêt se trouve dans le recueil de Sirey, T. 4, p. 695, 2e partie ; par arrêt rendu le 27 janvier 1810, par la cour royale de Paris, rapporté dans le recueil alphabétique du journal des avoués, T. 8, p. 572 ; et par arrêt rendu par la cour de Colmar le 7 avril 1821, rapporté dans le recueil de Sirey, T. 21, p. 242 de la 2e partie.

Il n'existe pas de motifs raisonnables pour rendre une décision différente en ce qui concerne un mandataire ou un dépositaire qui, après avoir dissipé les deniers reçus, ne peut plus remplir son obligation en restituant ces deniers tels qu'il lui ont été confiés, et ne peut plus qu'en payer l'*équivalent* par forme *de dommages-intérêts*. Aussi M. Duranton, dans son traité des obligations, T. 3, p. 329, dit-il que l'individu chargé d'un dépôt *volontaire*, passible d'une peine correctionnelle, en vertu de l'article 408 du Code pénal, peut et *doit* même être contraignable par corps, à *titre de dommages-intérêts*, et sans pouvoir recourir au bénéfice de cession de biens.

Troisième moyen. Les intérêts dûs à raison du retard dans l'exécution de l'obligation, depuis la constitution en demeure, ou depuis l'instant où le mandataire a employé les sommes à son profit, étant de véritables dommages-intérêts, aux termes des art. 1147 et 1153 du Code civil, il dépend de la prudence des juges de prononcer la contrainte par corps pour en assurer le paiement.

Dans ce dernier cas, comme dans le précédent, la loi n'étant pas impérative, il reste à démontrer que les circonstances de la cause doivent déterminer les juges à user de la faculté que la loi confie à leur prudence. Les motifs de sévérité sont indiqués par la loi même. 1° Le fait d'avoir détourné les deniers de la recette est la seule cause des dommages-intérêts réclamés par le demandeur, qui n'aurait pas besoin de recourir aux voies de rigueur si le mandataire ne s'était pas rendu coupable d'un délit punissable correctionnellement.

2° La loi déploie une telle sévérité contre un pareil délit que, s'il est imputable à un commerçant, il suffit pour faire déclarer sa faillite frauduleuse, d'après l'article 593 du Code de commerce, et lui faire infliger la peine afflictive et infamante des travaux forcés à temps, en conformité de l'article 402 du Code pénal.

3° La loi a elle-même déclaré, dans les articles 52 et 55 du Code pénal, qu'il y avait lieu dans ce cas à la contrainte par corps et à la solidarité, pour assurer le paiement de la restitution et des dommages-intérêts.

4° Les articles 1268 du Code civil, 905 du Code de procédure et 575 du Code de commerce usent d'une telle rigueur à l'égard des débiteurs de mauvaise foi, des dépositaires et des comptables, qu'ils leur refusent la possibilité de se soustraire à la contrainte par corps, lors même qu'ils feraient l'abandon de tous leurs biens à leurs créanciers.

5° Le 9 avril 1827, M. Jean-Baptiste Maraux écrivait au régisseur en chef : « Quant à l'effet de 4,390 francs, nous allons prendre des mesures pour y faire « honneur à terme ; et quoique je ne fournisse pas la caution demandée pour « cette somme, je vous prie de croire que je ferai en sorte de *satisfaire à tout* « *ce que je pourrai redevoir* à S. A. S. d'après le compte que je *dois* lui rendre. »

M. Jean-Baptiste Maraux se regardait donc comme assez riche pour payer au demandeur l'équivalent des deniers dûs et dissipés : aujourd'hui sa femme et son frère le représentent comme tout-à-fait insolvable. Il est vrai que, depuis le 9 avril 1827, le défendeur s'est reconnu débiteur de son frère, lui a constitué hypothèque, lui a vendu sa part héréditaire dans la succession de son père; il est vrai que la presque totalité de son mobilier a disparu de son domicile, et que sa femme s'est pourvue en justice pour obtenir la séparation de biens, après avoir fait sans doute tous ses efforts pour grossir ses reprises. N'est-il pas permis, d'après le rapprochement de ces faits, de soupçonner quelques collusions, que la contrainte par corps seule peut rendre inutiles, et les efforts que fait M. Maraux pour s'assurer le profit de son infidélité ne sont-ils pas de nature à attirer sur lui toute la rigueur des lois et le mépris des honnêtes gens?

Délibéré à Arbois, le 23 janvier 1829.

L'Avocat CLERC DE LANDRESSE.

www.ingramcontent.com/pod-product-compliance
Lightning Source LLC
Chambersburg PA
CBHW070524050426
42451CB00013B/2841